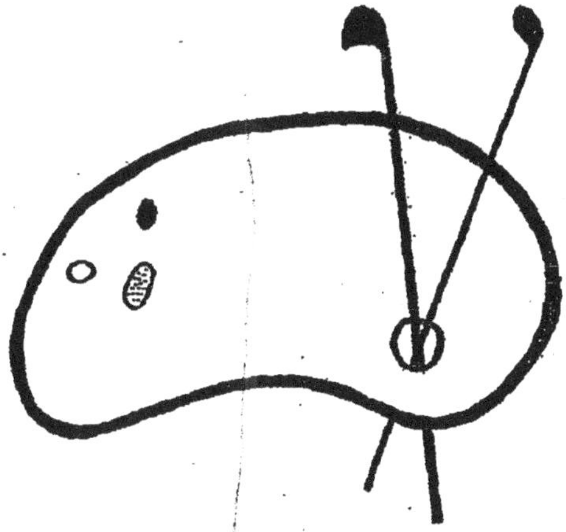

COUVERTURE SUPERIEURE ET INFERIEURE
EN COULEUR

INVENTAIRE
*E 4310

(C.)

4310
6258.

DE L'IDÉE

d'une

GUERRE LÉGITIME.

LYON. — IMPR. DE G. ROSSARY,
RUE SAINT-DOMINIQUE, N° I.

DE L'IDÉE
D'UNE
GUERRE LÉGITIME.

TROIS LEÇONS

FAITES A BERLIN, EN MAI 1813,

PAR J. G. FICHTE;

TRADUITES

PAR M. LORTET.

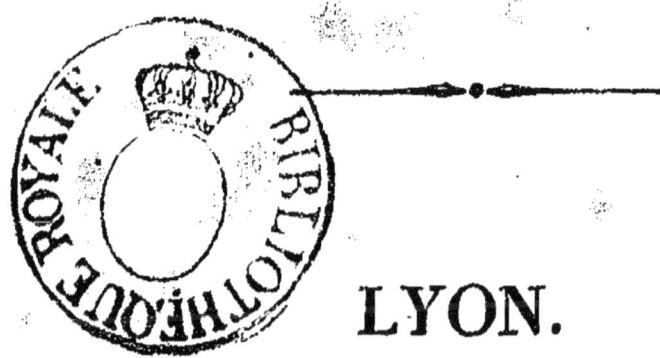

LYON.

LOUIS BABEUF, ÉDITEUR,

RUE SAINT-DOMINIQUE, N° 2.

1831.

NOTICE
SUR FICHTE.

Plusieurs passages de l'ouvrage dont je donne ici la traduction semblent écrits pour l'époque dans laquelle nous vivons, et s'appliquent parfaitement aux évènemens dont nous sommes témoins. Le lecteur saisira trop facilement les allusions pour qu'il soit nécessaire de les indiquer dans une préface. Sous ce rapport cet ouvrage peut être regardé comme un écrit de circonstance.

Je crois cependant qu'il est utile de faire connaître les autres travaux de l'auteur, de faire connaître surtout ce philosophe qui dans toute sa conduite ne démentit pas un seul instant les principes qu'il avait adoptés. On aime à suivre dans le cours de sa vie ce stoïcien dont l'énergie et la constance furent toujours en harmonie avec la sévérité de sa morale.

Jean-Gottliebe Fichte, naquit le 19 mai 1762 à Rammenau près de Bischoffswerda, dans la Haute-

Lusace. Son père le laissa se développer sans contrainte; il montra dès l'enfance de la facilité à tout saisir, de l'originalité et de la constance dans ses résolutions. Son père lui apprit à lire et lui expliquait les passages de l'Écriture sainte; bientôt il fut chargé de faire pour la famille la lecture des prières du soir et du matin, et son père le voyait déjà revêtu de la dignité de pasteur du village.

Un jour (il avait alors sept ans) son père lui acheta l'Histoire populaire de *Siegfried le cornu*. Jusqu'alors il n'avait lu que la Bible et le Catéchisme. Ce livre excita tellement son intérêt qu'il se dégoûta de toutes ses autres études, ce dont il fut sévèrement puni. Il résolut de se séparer de son livre afin de rentrer dans la bonne route. Il le prit et le lança courageusement dans le ruisseau qui passait tout près de la maison paternelle. Cependant quand il vit le pauvre Siegfried emporté par les flots, il ne put s'empêcher de pleurer à chaudes larmes. Le père qui survint alors et auquel l'enfant ne fit pas connaître les motifs de son action, punit durement le petit philosophe. Pour la première fois alors, Fichte apprit combien les hommes jugent injustement des actions généreuses, lorsqu'ils en ignorent les motifs. Plus tard il eut encore plusieurs occasions de voir se confirmer cette première observation.

La faculté qu'il avait de retenir presque en entier les sermons du pasteur fixa l'attention du baron de Miltitz qui le demanda à ses parents pour le faire élever avec ses enfants. Il fut par ses soins placé chez un excellent pasteur du village de Niedereau.

A treize ans le jeune Fichte entra dans le collége de Schulpforta. Plus il avait été libre, plus il sentit de contrainte dans ses nouvelles relations. Il se trouva seul dans le monde, obligé de lutter contre toutes sortes d'obstacles. C'est dans ces circonstances qu'il faut chercher la raison de la clarté et de l'énergie de sa volonté, qui forment le caractère essentiel de son individualité.

Il ne pouvait s'accoutumer à la perte de sa liberté dans cet antique et sombre couvent. Il ne pouvait supporter de voir ses larmes et ses soupirs devenir un objet de dérision. Il résolut de fuir et de vivre dans la solitude et la liberté. La lecture de Robinson lui avait suggéré ce projet dont l'exécution lui paraissait facile. Il répugnait cependant à sa franchise de partir furtivement. Il déclara donc à son ancien (les anciens élèves étaient les patrons des plus jeunes) qu'il ne souffrirait pas plus long-temps ses mauvais traitemens, et qu'il fuirait. Il se mit en route pour Hambourg. En courant sur le chemin de Naumbourg, il se ressouvint de la recommandation de son pasteur, de ne rien entreprendre sans implorer l'assistance divine. Au sommet d'une belle colline il se jeta à genoux pour prier Dieu; il songea à la douleur de ses parens qu'il ne reverrait plus; son courage l'abandonna. Il résolut à l'instant de retourner sur ses pas, ne fut-ce que pour revoir sa mère. Conduit devant le recteur, il lui fit un récit si naïf de tout ce qui lui était arrivé que celui-ci, non seulement lui fit grâce de la punition, mais encore lui accorda plus de liberté et le fit traiter avec douceur. Il se réconcilia enfin avec sa nouvelle position, se livra sérieusement à ses travaux et fit des progrès rapides. Il s'était procuré secrètement les ouvrages satiriques que Lessing publiait alors contre le pasteur Gœtze. Cette lecture excita en lui le besoin d'une liberté d'examen indéfinie; ce fut pour lui le commencement d'une nouvelle vie intellectuelle.

A dix-huit ans Fichte se rendit à l'université de Jena pour étudier la théologie, parce que tel était le vœu de ses parens et de son père adoptif. Les doutes que cette étude lui firent concevoir excitèrent son génie philosophique. Il s'occupa surtout du problème de la liberté morale dans ses rapports avec la nécessité ou avec la providence, et il se décida pour l'opinion désignée sous le nom de *déterminisme*. La lecture de Spinosa et de la réfutation de son système par Wolf ne fit que le confirmer dans ses vues. Il n'était cependant pas satisfait, il était tourmenté par la solution d'un autre problème : le sentiment de sa personnalité, de sa liberté. Il en fit le fondement de la science, et sa philosophie devint ainsi la réfutation du spinosisme.

Son père adoptif mourut, et Fichte réduit à ses propres moyens dut s'imposer bien des sacrifices. Cette lutte contre les obstacles ne fit que fortifier sa volonté. Après avoir terminé ses études académiques, il vécut pendant quelques années en qualité de précepteur dans différentes maisons.

Dans un moment, en 1788, où il était sans aucun moyen de subsister et presque réduit au désespoir, on lui offrit une place de précepteur à Zurich. Il se mit donc en route à pied pour sa nouvelle destination, et fut chargé de faire l'éducation des enfans de l'aubergiste qui tenait alors l'hôtel de l'Épée.

C'est à Zurich qu'il fit connaissance de Mlle Rahn, sa future épouse, et qu'il se lia avec le célèbre Lavater; il en partit après un séjour de deux années et chercha, mais en vain, à se placer en Allemagne. Il étudia la philosophie de Kant, il s'attacha particulièrement à la partie morale de ce système. La conscience de la liberté du *moi*, qui voit se briser contre sa volonté toute la puissance du monde, et au-dessus de cette volonté un commandement absolu, qui, régnant souverainement sur tous les penchants et sur toutes les passions, procure à l'ame une tranquillité et un parfait équilibre : une telle théorie lui avait manqué jusque là, tandis qu'il s'y sentait porté par son caractère. La philosophie kantienne, en réduisant la connaissance du monde extérieur à une simple apparence, et ne laissant subsister pour toute réalité que la liberté du *moi*, amena Fichte à faire de cette idée, non seulement le principe de sa morale, mais le centre même de toute sa philosophie. Aussi il écrivait à cette époque : « Je crois maintenant de tout mon cœur à la liberté de l'homme, et je comprends fort bien à présent que c'est sous cette condition seulement que la vertu est quelque chose et qu'une morale est possible. J'ai acquis la conviction que la doctrine de la nécessité de toutes les actions humaines ne peut être que funeste à la société, et que l'immoralité de ce qu'on appelle les classes supérieures découle en grande partie de cette source. Je suis de plus convaincu que nous ne sommes pas ici-bas pour jouir, mais pour travailler et prendre de la peine, que les plaisirs sont destinés à nous fortifier pour des peines nouvelles, que le bonheur ne doit point être le but de nos efforts, mais bien le développement de nos facultés. »

En 1791 il fut obligé d'accepter une place d'instituteur chez un comte, à Varsovie, mais ses manières peu soumises déplurent à la comtesse. Il quitta bientôt cette ville et à son passage à Kœnigsberg fit la connaissance de Kant. Ce fut là qu'il écrivit l'ouvrage qui fit sa réputation (*) et pour lequel il eut beaucoup de peine à trouver un imprimeur.

En 1793 il revint à Zurich, où il épousa Mlle Rahn. Il fit à cette époque la connaissance de Baggesen, de Fernow et de Pestalozzi.

Pendant son séjour dans cette ville il termina un ouvrage destiné à *rectifier les jugemens du public sur la révolution française*. Il établit dans cet ouvrage (long-temps mis à l'index dans toute l'Allemagne) qu'il ne peut y avoir de *constitution absolument invariable* puisqu'il est impossible de réaliser actuellement la plus parfaite qu'on puisse imaginer; les circonstances venant à changer, la constitution, pour demeurer bonne, doit subir des modifications, une réforme. « Introduire dans le contrat social la condition qu'il doit être immuable serait en contradiction manifeste avec l'esprit de l'humanité. Je promets : de ne rien changer à cette constitution et de n'y laisser faire aucun changement ; signifie : je promets de n'être point un homme et de ne pas

---

(*) *Essai d'une critique de toute révélation.*

souffrir, autant qu'il est en mon pouvoir, que les autres soient des hommes. Je me contente d'être au niveau des animaux savants. Je m'engage à m'arrêter au degré de culture que j'ai atteint et je force tous les autres à y rester avec moi. Ainsi que le castor construit aujourd'hui comme tous les castors l'ont fait depuis des siècles ; ainsi que l'abeille dispose sa cellule comme toutes celles de son espèce l'ont fait depuis des siècles ; de même nous voulons, nous et nos descendans, jusqu'à la millième génération, arrêter immuablement notre manière de penser, établir nos maximes théoriques, politiques et morales telles qu'elles sont aujourd'hui. Et une telle promesse serait valable ?? non, homme, tu ne peux prendre cet engagement ; tu n'as pas le droit de renoncer à la dignité de l'homme. Ta promesse serait contraire à la justice et par conséquent sans valeur. »

Il établit ensuite que le droit de faire des changemens appartient également à toutes les parties qui sont intéressées dans le contrat social. Il examine les prérogatives que pourraient faire valoir dans ces changemens, les classes privilégiées, la noblesse et le clergé. Il s'applique surtout à mettre en évidence le conflit qui s'élève entre le droit fondé sur la raison et celui qui se fonde sur l'histoire, mais il ne résoud pas la difficulté. Sous ce rapport son livre présente une image d'autant plus fidèle de l'époque.

Dans cet écrit il se montre le philosophe de la révolution, le représentant des idées qui mettaient les esprits en mouvement. Afin de mieux le faire connaître sous ce rapport, je crois devoir traduire quelques passages de la préface qui précède cet ouvrage sur notre révolution.

« Tant que les hommes ne deviendront pas plus sages et plus justes, tous leurs efforts pour devenir plus heureux seront inutiles. Une fois échappés des cachots des despotes ils s'entretueront avec les débris de leurs chaînes!! »

« Tous les évènemens du monde sont à mes yeux une série de tableaux que le grand précepteur de l'humanité nous présente afin que nous apprenions ce qu'il nous est nécessaire de savoir.... Ainsi je regarde la révolution française comme une riche et belle peinture sur ce grand texte : les droits de l'homme et la dignité de l'homme. »

Il reproche aux philosophes de ne jamais sortir des formes de l'école : « Pourquoi sont donc ces idées si elles ne doivent passer dans la vie ordinaire? comment peuvent-elles y passer si elles ne sont propres au moins à la moitié des hommes? L'état actuel ne peut être permanent; l'étincelle divine qui brille dans notre cœur nous conduit certainement au juste tout puissant. Voulons-nous, pour construire, attendre que le torrent ait emporté nos cabanes? voulons-nous, au milieu du sang et des cadavres, enseigner la justice à des esclaves farouches? Il est temps maintenant que le peuple fasse connaissance avec la liberté, qu'il trouvera aussitôt qu'il la connaîtra. Il le faut, afin qu'il ne prenne pas la licence pour la liberté, et qu'il ne nous entraîne pas avec lui. Il n'y a aucun moyen d'appuyer le despotisme ; peut-être y a-t-il moyen de convaincre les despotes que par le mal qu'ils nous font ils se rendent malheureux, qu'ils peuvent se délivrer de leur misère en descendant jusqu'à nous pour devenir les premiers entre des égaux. Il y a un moyen sûr d'empêcher des révolutions violentes ; mais c'est le seul : il faut instruire à fond le peuple sur ses droits et ses devoirs. »

« Le signal donné par le siècle a été généralement aperçu. Les conversations du jour roulent sur des objets auxquels on n'avait pas songé jusqu'à présent. Les entretiens sur les droits de l'homme, sur la liberté et l'égalité, sur la sainteté des contrats et du serment, sur l'étendue et les limites des droits du souverain, ont remplacé dans tous les cercles les histoires romanesques et les babillages sur la mode. On commence à apprendre..... »

« *Si nous nous rendions dignes de la liberté,* les

monarques ne nous rendraient pourtant pas libres. Ne crois pas cela, cher lecteur. Jusqu'à présent l'humanité est bien en arrière pour tout ce qui lui est nécessaire; mais si tout ne contribue pas à me tromper, je crois que nous sommes arrivés au moment où commence à poindre l'aurore de ce jour qui brillera plus tard. Les sages sont encore pour la plupart les guides aveugles d'un peuple d'aveugles; et les souverains doivent en savoir davantage. Ils ont été presque tous élevés dans la paresse et l'ignorance; s'ils apprennent d'abord quelques vérités préparées pour eux, ils ne travaillent plus ensuite à leur éducation; lorsqu'ils arrivent au pouvoir ils ne lisent plus d'ouvrages nouveaux à l'exception de quelques rapsodies insipides; aussi, pendant qu'ils règnent ils sont toujours en arrière de leur siècle. Après avoir pris beaucoup de mesures contre la liberté de la pensée, après avoir livré des combats dans lesquels des milliers d'hommes s'entredétruisent, ils se préparent au repos et croient que leur règne à été agréable à Dieu et aux hommes. Il ne suffit pas de parler; qui pourrait crier assez fort pour faire parvenir sa voix à leurs oreilles, pour pénétrer jusqu'à leurs cœurs au travers de leur intelligence ? Il faut faire, il faut des actions. Peuples, soyez justes, et vos princes ne pourront résister, ils ne pourront persister à être seuls injustes.... »

Cet ouvrage et un autre qu'il publia dans le même temps (*Revendication de la liberté de la pensée*, adressée aux princes de l'Europe, qui jusqu'ici l'ont opprimée.) le firent accuser d'être un démocrate et même un jacobin. Pour s'en défendre il renvoya à la doctrine exposée dans *la Philosophie du droit*. Mais là encore il avait attaqué le privilège, invoqué le droit éternel et imprescriptible, l'empire de la loi et l'égalité de tous devant la loi!

Pendant son séjour à Zurich et à la prière de Lavater, il fit une suite de leçons pour exposer la philosophie de Kant, dont il regardait sa théorie comme le complément. A la fin de 1793, le gouvernement de Weimar lui fit offrir la place de professeur de philosophie à l'université de Jena. Il partit pour se rendre à son poste. Quoiqu'il fût connu comme un partisan des nouvelles doctrines politiques, le gouvernement lui ordonna d'enseigner selon ses convictions.

Il exerça bientôt une grande influence sur les étudiants et réussit en partie à détruire les associations des étudiants par province ou par nation. (Landsmannschaften) Bientôt à l'occasion d'un article, *sur le fondement de notre foi en une providence divine*, inséré dans le journal philosophique, il fut accusé d'athéisme. Ce fut un prétexte, car on

en voulait bien plus à ses opinions politiques.
L'accusation partait de Leipzig, et là un homme
puissant avait dit qu'avant un an Fichte serait
déposé et exilé. Le gouvernement de Dresde décida
qu'on interdirait l'université de Jena, si le crime
n'était puni. Les principales cours de l'Allemagne
adhérèrent à cette disposition. Le gouvernement de
Weimar desirait terminer l'affaire par une admo-
nition publique adressée aux accusés. Fichte, qui
voulait une absolution honorable ou une condamna-
tion éclatante, donna sa démission. Il fut vive-
ment persécuté et se trouva sans asile dans les
pays saxons.

Un élève de Frédéric-le-Grand, le ministre
Dohm lui fit conseiller de chercher un réfuge en
Prusse. Il s'établit à Berlin et y termina son ouvrage sur La *destination de l'Homme* (*). Il se livra
dans ce nouveau séjour à plusieurs travaux impor-
tans, et fut en 1805 nommé professeur de philosophie à Erlangen. Pendant les guerres des Français
il fut obligé de se retirer à Kœnigsberg où il conti-
nua ses leçons dans lesquelles il excitait les jeunes
gens à se dévouer pour la patrie et la liberté. Ce
fut en 1808 et au milieu des Français campés dans

(*) Cet ouvrage est traduit en Français, et sera bientôt
publié.

la capitale, qu'il prononça ses discours adressés à la nation allemande, dans lesquels il annonça le combat du bon principe contre le mauvais (*). A la paix il revint à Berlin et en 1809 fut nommé professeur de philosophie et recteur de la nouvelle université établie dans cette ville.

Il s'occupa de la publication de plusieurs ouvrages et travailla surtout à mettre sa philosophie à la portée de tous les hommes. C'est dans ce but qu'il cherchait souvent l'occasion de causer avec des paysans, avec des ouvriers, et tous disaient que jamais ils n'avaient rencontré un homme qui parlât d'une manière plus claire.

En 1812 il se réjouit avec toute l'Allemagne de l'issue de l'expédition de Russie et de la chute de Napoléon. Il redoubla de zèle et d'activité pour travailler à l'affranchissement de sa patrie ; mais la haine pour l'étranger ne le fit jamais dévier de ses principes et de la droiture de son caractère. Vers

---

(*) Cette entreprise n'était point sans danger, et lui-même écrivait à cette occasion : « Puis-je espérer que le bien que je pourrai faire sera plus grand que le danger auquel je m'expose ? Le bien est enthousiasme, élévation. Le danger personnel que je puis courir ne doit point être pris en considération, il pourrait même être d'une grande utilité. Quant à ma famille et à mon fils, ils auraient l'assistance de la nation, et le dernier aurait de plus l'avantage d'avoir pour père un martyr. Je ne saurais mieux employer ma vie. »

la fin de Février 1813, Berlin était occupé par un faible corps de troupes françaises. Un homme dé- déterminé conçut avec quelques jeunes gens dévoués le projet de détruire ce corps. Déjà la nuit de l'exécution était fixée. Un élève de Fichte ne pouvant supporter l'idée de tremper dans un assassinat se rendit chez son maître pour lui exposer ses scrupules. Fichte épouvanté de l'énormité de l'attentat en dissuade son ami, court auprès du chef de la police prussienne et l'avertit à temps pour empêcher un crime inutile.

C'est dans le mois de mai de l'année 1813 que Fichte fit son cours sur le développement historique de l'état considéré d'après son principe, la vie morale, et d'où sont tirées les trois leçons que nous publions. Dans la même année lorsque le typhus régnait à Berlin, il engagea sa femme à se vouer au service des malades dont l'hôpital militaire était encombré. Elle fut atteinte de l'épidémie, et dèslors il partagea son temps entre ses leçons et les soins qu'il devait à cette digne épouse. Elle se rétablit, mais lui-même tomba malade et mourut en janvier 1814, âgé de 51 ans.

Tel fut Fichte, l'un des professeurs les plus illustres de l'Allemagne; son éloquence énergique et forte était celle de la conviction. Ses efforts ont toujours tendu à élever l'esprit sur le corps, à enthousiasmer pour la vertu jusqu'à l'abnégation de soi-même. Un cœur vrai et pur, sensible à tout ce qui est beau et bon, une droiture inébranlable, l'amour le plus sincère pour la vérité, voilà surtout ce qui distinguait cet homme supérieur. S'il réussit à exercer une grande influence sur la jeunesse, ce fut non seulement par la force de ses pensées et de son élocution, mais encore par tout son être, car il était ce qu'il disait. C'est sous ce rapport que l'inquisition de Mayence le regarde comme le patriarche et le père de tous les démagogues de l'Allemagne. On appelle aujourd'hui démagogue, l'homme qui n'obéit pas à son intérêt, mais à sa conscience, qui écoute la voix du devoir et de la raison plutôt que celle du préjugé, qui veut enfin que les hommes soient égaux par leurs droits, et que la justice soit pour tous.

Ceux qui voudront plus de détails sur la vie, la doctrine et les écrits de Fichte en trouveront dans les ouvrages suivans d'où cette notice est extraite :

Nouvelle revue germanique publiée chez Levrault.

Vie de Fichte et sa correspondance littéraire publiée par son fils. Sulzbach 1830.

Wendel, principes et critique des philosophies de Kant, Fichte et Schelling. Coburg 1810.

Tennemann, histoire de la philosophie.

DE L'IDÉE

D'UNE

GUERRE LÉGITIME.

TROIS LEÇONS FAITES A BERLIN, EN MAI 1813,
PAR J. G. FICHTE.

PREMIÈRE LEÇON.

Permettez-nous de suspendre l'exposition que nous avions annoncée, de l'interrompre pour examiner un sujet qui s'y rattache entièrement. Ce sujet nous est fourni par le temps actuel et par les circonstances dans lesquelles nous nous trouvons.

La question que je pose est celle-ci : *Qu'est-ce exactement qu'une guerre légitime, et que renferme l'idée d'une telle guerre?*

Je ne crois pas que vous en ayez cette idée que nous reconnaîtrons être vulgairement celle du peuple. Je crois en outre qu'il faut avoir d'abord une idée claire de la proposition établie (ainsi qu'il convient à des apôtres de la science), surtout si vous devez exercer quelque influence sur ceux qui vous entourent. Cette question se lie immédiatement aux affaires du peuple, et tient essentiellement à la vie. Non-seulement la situation dans laquelle nous nous trouvons caractérise la guerre actuelle, mais encore le juge compétent, le gouvernement, a déclaré qu'elle est une guerre légitime. Dans plusieurs ordonnances, et surtout dans celle sur la levée en masse, il l'a envisagée sous le même point de vue que nous. C'est un de ces cas rares dans lesquels la science est d'accord avec le gouvernement.

Le point de vue sous lequel on considère *la guerre* est subordonné à celui sous lequel on considère *l'Etat*, et celui-ci est à son tour déterminé par le point de vue sous lequel on considère *la vie humaine*. Cette dernière doit être notre point de départ, si nous voulons avoir une juste idée de la première, c'est-à-dire de la guerre.

La vie telle qu'on en a connaissance par l'observation, la vie actuelle, temporelle et terrestre, est *le dernier but* aux yeux de l'homme ordinaire et non éclairé; pour lui elle est un but en soi. Les notions précises qu'il a sur cet objet ne s'étendent pas plus loin ; là est le terme au-delà duquel il n'y a pour lui rien *qui vaille cette vie.* Il *voit* la vie sans la *comprendre.* La religion chrétienne qui par l'histoire est arrivée jusqu'à lui, s'étend, il est vrai, au-delà de la vie actuelle, et lui en montre une autre à laquelle sont rapportées les récompenses et les peines. Mais cette religion, quoiqu'on y ait foi, reste comme immobile à sa place sans déterminer ni la connaissance de la vie actuelle, ni l'aspect sous lequel elle se présente. Ainsi fixée et stationnaire, cette religion donne lieu tout au plus à des pratiques de dévotion, à un service divin quelconque.

Cette vie est la vie à laquelle rien n'est supérieur. Après elle viennent *les moyens de l'entretenir,* de la passer aussi commodément, aussi agréablement que possible ; les biens terrestres et leur possession sont toujours rapportés à l'entretien et aux agrémens de la vie terrestre ; les moyens de les obtenir sont l'industrie et le commerce. Une industrie florissante, autant d'hommes que possible réunis pêle-mêle et jouissant du bien-être, voilà le bien *suprême,* le ciel sur la terre ; la terre n'offre rien qui y soit *supérieur.*

« Pourquoi le peuple est-il si affairé ? pourquoi
» crie-t-il ? Il veut se nourrir, avoir des enfans,
» et les nourrir aussi bien que possible. Remarque

» bien tout cela, voyageur, et fais de même chez
» toi! De quelque manière qu'il s'y prenne, aucun
» homme ne vise ailleurs et ne porte plus loin
» ses regards! » (*Gœthe.*)

Ces moyens d'entretenir la vie, de quelque manière qu'on se les procure, composent ce qu'on appelle *la propriété* : *l'état* n'est que *le moyen* de la mettre à l'abri de toute espèce de pillage ; il est par cette raison en *troisième* ligne : la vie d'abord, ensuite la propriété, et enfin l'état qui la protége.

De quelque manière qu'on se procure ces moyens, ai-je dit, cette circonstance est importante, elle est un trait caractéristique de cette manière de voir. L'industrie, le commerce, et en général le mouvement des affaires humaines est libre, et au-dessus de toutes les lois de l'état. La religion seulement défend le parjure, l'état défend les vols matériels, mais tous les moyens d'industrie sont bons. La prescription du vol est même admise. On doit seulement faire connaître à l'état les produits de l'industrie, afin qu'il sache ce qu'il doit garantir à chacun ; mais il ne peut en aucune manière demander à personne le titre d'acquisition pour ce qui est en sa possession.

L'état est un établissement de propriétaires ; cet établissement résulte de l'état naturel antérieur à l'existence de tout état politique; ces propriétaires possèdent indépendamment de toutes les lois et ordonnances. *Le pouvoir public* est le serviteur des propriétaires qui le paient pour ce service.

Cette manière d'envisager l'état est assez généralement adoptée dans l'école de la sagesse. Elle se manifeste dans les doctrines suivantes : que les propriétaires fonciers proprement dits qui constituent la noblesse (*adel*, du mot suédois *odal*), sont les citoyens primitifs, les fondateurs de l'association politique, et que ceux qui viennent après doivent se contenter de ce que les premiers veulent bien céder de leurs droits. Elle se manifeste par la liberté, c'est-à-dire, l'anarchie dans l'industrie; elle est exprimée par cette assertion : que l'église, l'école, le commerce, les corps de métier, et en général tout ce qui ne se rapporte pas aux lois civiles, ne sont point des établissemens de l'état, mais des établissemens particuliers dont on doit seulement faire la déclaration à l'état, parce qu'il est dans l'obligation de les protéger; que celui-ci tomberait de lui-même, s'il n'y avait plus de voleurs, parce que tout le reste est hors de sa sphère. C'est ce qu'on entend souvent, et peut-être y en a-t-il parmi vous auxquels cette doctrine a été développée, comme on a soin de le faire avec mordacité, avec ironie, et en jetant un regard de pitié sur ceux qui n'ont pas encore pu s'élever à un tel degré de sagesse.

———

Voici quelles sont, en général, les conséquences de ce qui précède.

1° L'humanité se divise en deux classes principales : les *propriétaires* et les *prolétaires*. Les premiers ne sont pas l'état (ils sont avant l'état, indépendamment de lui), mais ils *entretiennent* l'état, comme on entretient un domestique, et dans le fait il est leur serviteur. Qui peut payer un domestique, ne sert pas ; par conséquent ceux qui arrivent au pouvoir public sont des prolétaires. Celui qui a des biens en propre ne *sert* pas ; c'est parce qu'il n'a rien, que le serviteur sert pour une solde (le soldat). Celui qui a un serviteur ne fait pas lui-même le service pour lequel il le paie. On en trouve un exemple dans l'exemption du service militaire.

2° Pourvu que les propriétaires soient protégés, il leur est entièrement indifférent qui les protège ; le seul but est de l'être à aussi bon marché que possible. L'état est un mal nécessaire, car il coûte de l'argent, et l'on doit rendre ce mal aussi petit que possible.

Telle est cette manière d'envisager l'état; passons à la manière d'envisager la guerre.

La guerre se déclare entre plusieurs états considérés sous ce point de vue, et qui envisagent ainsi les représentations du pouvoir. Que signifie cette guerre, et comment peut-elle être conduite ? Puisque dans le monde civilisé la classe des propriétaires, afin de poursuivre tranquillement ses spéculations, renonce à se défendre elle-même, cette classe ne peut pas se défendre contre ses défenseurs; elle est sans défense contre eux aussi bien que contre le reste du monde. Elle ne peut faire de conditions sur le prix de la défense, mais elle doit donner ce que demande le défenseur; elle ne peut donner ce qu'elle veut, mais ce qu'exige celui qui la défend. A peu d'exceptions près, celui-ci exigera tout ce que les propriétaires peuvent donner. La place de défenseur devient une place très-productive. Il résulte en outre, de sa nature, que la volonté d'un seul enveloppe nécessairement toutes les autres volontés dans sa sphère, et qu'il n'en est pas une qui puisse la dominer.

On peut donc supposer avec certitude que celui qui parvient à une place, où ce bien unique, la vie, son énergie, et les jouissances qui l'accompagnent, sont le mieux assurées; que celui-là, dis-je, fera tout pour la transmettre à ses héritiers. Ainsi, dans le monde entier la défense des propriétaires désarmés deviendra une possession héréditaire, et sera le partage d'un certain nombre de familles.

Comme la fonction de défenseur rapporte plus qu'elle ne coûte, comme celui qui défend un pays important pourrait, avec le même développement de forces, défendre aussi le voisinage; alors les familles régnantes chercheront à se déposséder. De là résulte entre elles une guerre sur la question de savoir non-seulement si tel ou tel doit défendre un certain district (ce qui est indifférent), mais avant tout lequel des prétendans retirera le bénéfice attaché à cette charge.

A qui donc importe cette question? Aux deux familles régnantes seulement. Elles peuvent donc la faire décider par leurs mercenaires, qui sont mercenaires parce qu'ils n'ont rien, et, ne pouvant solder la protection, doivent payer de leur personne. Dans la règle, les propriétaires et les industriels ne s'en mêlent pas du tout, et ce serait folie s'ils le faisaient; cette lutte n'est qu'une guerre entre des familles régnantes; ils n'ont à s'inquiéter que pour la protection de la propriété, et, quel que soit le vainqueur, elle aura toujours lieu. C'est pourquoi dans cette guerre on promet de respecter les propriétés particulières; on ne prend que celles de l'état, c'est-à-dire celles de la famille régnante : le bourgeois n'y perd rien; il y gagne, au contraire, si cette propriété de l'état reste à son défenseur, dont la personne, qui lui importe peu, est seulement changée. Que devrait-il donc faire de plus? S'exposera-t-il au danger de perdre quelque membre, ou même la vie? On ne vit qu'une fois, la vie est le bien suprême : avec quoi pourrait-on lui payer sa vie ou ses membres? Abandonnera-t-il sa propriété, son industrie? Non, il ne peut s'en éloigner d'un seul pas, car il n'est rien de tel que l'œil du maître. Sa propriété et son industrie pourraient se perdre, elles seules donnent du prix à son existence, et sans elles sa vie serait trop misérable. Elles sont intimement liées à l'existence, et le maître doit rester là où elles sont situées.

Aussitôt que l'ennemi, non le sien, mais celui de son précédent souverain, s'est emparé du lieu de la résidence et en a chassé les mercenaires de son adversaire : tout rentre dans l'ordre accoutumé; son avoir est assuré, et, comme par le passé, il s'occupe tranquillement de ses affaires. Le seul moment dangereux est celui où tout est encore indécis, car tout combat est funeste pour la propriété; pendant ce moment, *le calme est le premier devoir du bourgeois* (*). *Bourgeois* signifie propriétaire et industriel, en opposition à mercenaire. Il doit être calme, c'est-à-dire entièrement neutre, se renfermer dans sa maison, et, derrière ses fenêtres barricadées, attendre l'issue du combat pour voir enfin quel protecteur futur lui sera donné. Il doit avoir préparé une bonne provision de pain blanc, de viande fraîche et de vins restaurans, afin qu'après l'issue du combat il puisse se recommander auprès du vainqueur, quel qu'il soit, et gagner sa bienveillance. S'il agit autrement, son avoir et même sa personne pourraient courir des dangers. Dans tous les cas, empêcher une telle dévastation doit être le désir des meilleurs amis de l'ancien souverain, car on ne peut pas savoir si, avec l'aide de Dieu et au moyen d'une paix honteuse, son ancienne résidence ne lui sera pas rendue. Dans ce cas, il sera toujours avantageux pour lui qu'elle soit en bon état et qu'elle n'ait pas été ravagée.

(*) Après la bataille d'Iéna, le ministre *Schulenberg* abandonna la ville de Berlin. Au moment de partir, il adressa aux habitans une proclamation d'où cette phrase est tirée. Nous avons eu en France beaucoup de Schulenberg, et nous en avons encore.

La prolongation du combat est toujours ruineuse pour la propriété, le bien le plus précieux après la vie; elle met en danger la vie même et la santé, qui sont les plus grands de tous les biens. On doit donc, par tous les moyens possibles, chercher à en abréger la durée : tel est le premier devoir de tout homme sensé, une fois que la guerre est déclarée. Si, d'après les données historiques, il est possible de prévoir de quel côté tournera la victoire, ou si l'issue de la première bataille le démontre, on ne doit pas appuyer la résistance inopportune de celui qui sera vaincu. Tous n'ont plus qu'à s'entendre, à livrer les forteresses, à tout dénoncer à l'ennemi; les guerriers doivent jeter leurs armes et se rendre : de l'autre côté la solde est aussi bonne.

Voilà ce qui se passe dans l'âme d'un possesseur éclairé, affranchi des préjugés, et qui connaît la valeur des choses. Ces préjugés des siècles barbares, l'institution divine des rois, la sainteté du serment, l'honneur national, ne sont rien pour celui qui saisit clairement des propositions aussi simples que celle-ci : la vie est en première ligne, viennent ensuite les biens; l'état enfin occupe le troisième rang.

Les meilleurs amis du prince doivent même en agir ainsi : bien loin d'être nuisible, cette conduite est au contraire avantageuse, car on ne doit pas, par une imprudente résistance, exciter la colère du vainqueur. Après que les combats ont cessé, arrive une paix que ces barbares appellent honteuse. Par ce traité de paix on partage les provinces, c'est-à-dire la récompense du vainqueur; on oblige le vaincu à prêter ses services pour les autres plans de conquêtes; et, pour gage de sa loyauté, il doit abandonner au vainqueur la possession des forteresses. Les propriétaires n'ont rien perdu s'ils paient au nouveau maître ce qu'ils payaient à l'ancien, et si tout le reste leur est assuré : voilà seulement ce qui les regarde. Le souverain vaincu n'a rien perdu; il conservera toujours bien assez pour vivre; et si la question est envisagée sous ce point de vue, qu'a-t-il donc de plus à désirer? Rien, si le vainqueur assure véritablement la propriété de ceux qui sont désarmés, et ne permet à ses soldats ni pillage ni violence; s'il laisse l'industrie réellement libre et n'introduit pas une trop grande gêne dans le commerce; s'il laisse subsister la distinction entre les exemptions de canton et les servitudes de canton (bases principales de la constitution); s'il n'introduit pas la conscription; s'il gouverne à bon marché et ne fait pas des demandes exorbitantes. Dans la règle, tout cela est supposé par analogie et n'est pas mis en doute, ni dans le commencement, ni pendant la durée de la guerre. On la supportera très-bien, l'ennemi maintiendra la discipline, ne fut-ce que pour son propre avantage... C'est avec de semblables paroles que les lâches se consolent entre eux. Arrive-t-il que l'ennemi se conduise autrement? Il attire alors sur lui la haine générale : il a attaqué la propriété et la vie, ce qui mérite seulement qu'on se donne la peine de vivre.

Remarque générale.

Quand on part de maximes adoptées par la majorité des hommes, que l'on en tire des conclusions rigoureuses, pour leur montrer ce que doit être nécessairement leur vie, on excite la haine et l'opposition; ils répondent par cette assertion que des faits doivent justifier : nous ne sommes pas aussi méchants que tu nous faits, au moins nous ne le sommes pas tous ni toujours. Ils ont raison ainsi que je l'ai dit, et voici comment. Leur vie n'est pas, tant s'en faut, généralement déterminée par des maximes fixes et une conscience intime, mais au contraire par l'influence obscure d'une raison instinctive, et cachée sous une enveloppe singulière, et telle que s'ils l'aperçoivent ils l'appellent préjugé d'un siècle de barbarie. Ils n'auraient pas tort s'ils pouvaient seulement reconnaître la raison sous une autre forme. La partie de leur vie qui est déterminée par cette dernière, est tout autre que si elle était une conséquence de leurs maximes; en celà ils ne ressemblent pas au portrait que nous avons tracé. Ils en appellent à l'inconséquence; eh bien! nous voulons aussi leur laisser cet avantage.

Ce qui résulte clairement de leurs maximes est tel que nous l'avons décrit. Plus l'unité est évidente, plus une peinture est ressemblante; plus l'homme est de condition élevée, plus il est vieux, et plus il est méchant : ce qui est bon ne se rencontre que chez les hommes du commun, et chez les jeunes gens. Il en résulte encore le phénomène suivant : On a observé que dans les jours de péril, d'embarras et de trouble, les hommes sont bien plus méchants qu'à l'ordinaire. Je crois pouvoir expliquer la cause de ce phénomène. Dans les temps heureux ils pensent peu ou point à eux mêmes, et se laissent aller; tel est l'instinct et l'élément bienfaisant de la sociabilité. Dans le danger ils délibèrent, se replient sur eux-mêmes, deviennent circonspects; leur présence d'esprit ne peut leur offrir que les maximes de l'intérêt le plus vulgaire, parce qu'une seule époque de leur vie est parvenue à leurs sens.

Telle est l'une des manières d'envisager la vie, telle est par conséquent l'une des manières d'envisager l'état, et aussi la guerre.

DEUXIÈME LEÇON.

1° Si nous envisageons notre objet comme il convient de le faire, alors nos notions s'étendent au delà de ce que nous apercevons de cette vie, au delà de toute existence apparente et temporelle, elles touchent à quelque chose qui apparait toujours avec la vie, elles touchent au problème moral, qui est l'emblême de Dieu.

La vie ne peut être qu'un moyen d'atteindre ce but.

2° Ce problème est indéfini et inépuisable ; la vie est aussi éternelle, indéfinie, ne peut jamais être accomplie, ni épuisée, ni détruite, pas mieux que le but qui lui est proposé : elle est éternelle, et s'élève au-dessus de tous les temps ; il n'est donc question, ni de sa conservation, ni des dangers qu'elle peut courir, mais elle est d'une manière absolue, et indépendamment du libre arbitre.

La vie qui n'est que dans le temps, et s'écoule

avec le temps, n'est que le phénomène de cette vie élevée au dessus de tous les temps. Une certaine forme de cette vie peut avoir une fin, mais la vie elle-même, *jamais*.

3° La vie de l'individu ne peut être regardée comme un phénomène du temps, mais elle est éternelle comme la vie même. Celui qui vit véritablement pour un but éternel, celui-là, dis-je, ne peut jamais mourir : car la vie elle-même est immortelle.

Ainsi, sous ce point de vue, la vie temporelle et sa conservation ne peuvent jamais être un but; la vie n'est qu'un moyen; mais par le but qui lui est proposé, et comme phénomène de la vie même, elle est éternelle indépendamment du libre arbitre.

4° La qualité essentielle à la vie, si elle est un moyen pour atteindre un but, c'est d'être *libre*; l'individu doit être absolument indépendant, et se déterminer de lui-même sans impulsion, sans contrainte extérieure. Cette liberté ne lui est pas simplement donnée comme l'éternité de la vie; elle peut être détruite, et cela par la liberté des autres. La conservation de cette liberté est le but que chacun doit se proposer d'atteindre.

La question étant considérée sous ce point de vue, nous fixerons l'appréciation des biens dans l'ordre suivant : 1° la solution du problême moral ou l'image de la divinité ; 2° la vie, mais la vie éternelle comme moyen pour cette solution ; elle est sans aucun prix si elle n'est elle-même ce moyen ; 3° la liberté, comme la condition unique et exclusive qui permet que la vie soit le moyen d'atteindre ce but ; la liberté seule donne à la vie sa valeur réelle.

Il faut encore remarquer que si la vie est vraiment libre et dégagée de tout autre mobile, elle sera réellement un moyen pour arriver à tout ce qui est moral, sans aucune coopération dépendante du libre arbitre. La liberté doit être conquise par la liberté ; la liberté est le plus grand bien qui dépende de la liberté, elle est le but suprême offert à l'homme pendant la vie.

Celui qui est convaincu de cette vérité, qui par *bien*, entend ce que l'on doit acquérir par la liberté, ce qui se présente comme le but à atteindre, celui-là, doit avouer que la liberté est le bien le plus grand. Toute autre chose n'est qu'un moyen pour cela, elle est *bonne*, si elle est un moyen d'y parvenir, *mauvaise*, si elle est un obstacle. Ainsi, la vie temporelle n'a de prix qu'autant qu'elle est libre ; elle n'en a aucun, elle est même un *mal* et un *tourment*, si elle ne peut être libre. L'unique but de cette vie est donc d'abord de jouir de la liberté, de l'obtenir à tout prix, et s'il le faut d'en faire la conquête.

Si nous perdons la vie dans ce combat, nous la sacrifions pour le droit, et nos vœux sont alors exaucés ; car la vie *temporelle* est un *combat* pour la *liberté*. La *vie* proprement dite, la vie éternelle, ne peut se perdre, aucune puissance ne peut la donner ni la ravir : la mort est donc le libérateur, lorsque la vie temporelle ne peut nous rendre libre.

Retenez bien ces propositions telles qu'elles sont enchaînées, parce que nous en ferons usage plus tard.

Au contraire dans la manière vulgaire d'envisager la vie, on la regarde comme but en soi, non comme un moyen d'arriver à la moralité, non comme un moyen de se procurer la liberté, qui est la condition essentielle. La vie, si elle n'est ce moyen, n'a tout-à-fait aucun prix, elle n'est qu'une apparition trompeuse derrière laquelle on ne trouve rien. Ceux qui envisagent la vie de cette manière estiment le monde, par ce qui est absolument sans valeur, par le pur néant, et toutes leurs déterminations les jettent toujours dans ce même néant représenté sous d'autres formes.

5° La vie *temporelle* est un combat pour la liberté, disons-nous ; on peut l'entendre de deux manières : être délivré *des instincts* naturels ; c'est la liberté *intérieure* que chacun doit se donner. Etre afranchi de la liberté des autres : c'est la liberté *extérieure* que chaque individu acquiert en commun avec les autres, par une convention et par l'acceptation d'un contrat. Cette association pour accepter un contrat, c'est-à-dire garantir la liberté de tous, contre la liberté de tous, et établir des relations telles, que tous soient libres, sans que la liberté d'un seul soit troublée par la liberté des autres, cette association est l'*état*, ou plus exactement l'*empire*.

Dans nos leçons proprement dites il a été question des luttes intérieures qui s'engagent inévitablement pour faire prévaloir et adopter cette idée du droit et surtout pour qu'elle devienne une vérité, malgré les obstacles que l'intérêt tout puissant y oppose. Mais ce n'est point encore proprement la guerre.

Reconnaissons d'abord que tous comme hommes sont libres par la vie dont ils sont doués, tous de *la même* manière sont des formes temporelles de la raison, et ont ainsi des droits égaux à la liberté : mais rien *au-delà* ni *en-deçà* de ces droits. Tous sont donc égaux, il n'y a pas deux classes, mais une seule. Ce que l'un *peut*, et ce qu'il possède comme produit en conséquence de ce pouvoir, est garanti par sa liberté, intimement liée avec la liberté de tous; il n'y a ici aucun droit, aucune possession qui ne soit sous l'empire de la loi, et dont on ne doive prouver la *légitimité* devant la loi. La loi de la raison n'est jamais surannée, il n'y a point de *prescription* pour elle.

Tous sont libres, chacun l'est pour sa part; tous doivent donc concourir à défendre euxmêmes leur liberté. On n'admet point ici, comme dans l'autre système, la faculté *de remplacement*.

6° On appelle *nation*, une masse d'hommes que le développement d'une histoire commune a réunis et préparés à l'établissement d'un empire. L'indépendance et la liberté de cette nation consistent dans cette marche qui a commencé d'ellemême et a produit le développement de cet empire.

7° Si une force quelconque entrave ce développement, elle porte atteinte à la liberté de la nation et à son indépendance; on ne peut le faire entrer dans un autre développement sans anéantir l'empire lui-même et sans annuler toute espèce de droit. La vie nationale s'éteint dès qu'elle est inoculée à une vie étrangère, la nation meurt, elle est tuée, elle est anéantie, et ce peuple est effacé de la liste des nations.

8° Une véritable guerre n'est pas entreprise

pour les familles régnantes, mais bien pour la nation. La liberté générale et celle de chaque individu en particulier est alors menacée; personne ne peut vouloir vivre sans elle, à moins de se déclarer lui-même infâme. Chacun alors pour sa personne et sans avoir la faculté de se faire remplacer, doit donc combattre à la vie et à la mort.

Quel est le caractère de cette guerre? La vie n'a de valeur qu'autant que l'on est libre : puisque la violence me prive de ma liberté, je ne puis vivre si je ne suis vainqueur. La mort est bien préférable à la privation de la liberté. Ma vie éternelle, celle qui est certaine, je m'en rends digne par la mort, je la compromets si je vis en esclave. Si je dois sacrifier la vie sans réserve, combien à plus forte raison dois-je sacrifier les biens; à quoi puis-je donc employer les biens, si je ne puis vivre. Mais à cette condition je ne puis vivre!

L'individu ne doit point conclure de paix, ne doit pas même entrer en accomodements. Ce pourquoi l'on combat ne souffre point de partage; la liberté est ou n'est pas. On ne peut songer à tomber ou à rester sous le pouvoir absolu; la mort avant tout. Qui peut contraindre celui qui peut mourir? On doit résister même dans le cas où le souverain temporel se soumet et conclut la paix.

Moi, du moins, j'ai déclaré la guerre, et je la fais, non pour *ses* intérêts, mais pour les *miens*, pour ma liberté; et lors-même que le souverain me dégagerait de ma parole je ne puis m'en dégager moi-même. Considéré comme centre du développement d'un empire du droit, il est mort, aussi bien que ceux qui composent l'*état* et restent avec lui. Aucune puissance, aucun intérêt ne peut faire persister dans la corruption celui qui se sent animé d'une vie active.

Il faut employer toutes ses forces, combattre à la vie et à la mort, et ne point traiter de la paix avant une victoire complette, c'est-à-dire, avant d'être parfaitement en sûreté contre toute perturbation de la liberté. Il ne faut ménager ni sa vie ni sa propriété, et ne point compter sur une paix future.

Telle doit être la conduite de celui qui vit dans cette conviction. Il ne peut agir d'une autre manière, sinon il ment, et sa sagesse n'est que sur ses lèvres.

9° Pour prévenir les fausses explications de ce que j'ai dit, pour écarter l'accusation d'inconséquence et du défaut de bases, je dois y faire entrer un terme moyen qui manquait. Lorsque, par la déclaration expresse de ses prétendus représentans, la majorité se prononce pour l'idée de la vie, de l'état et de la guerre telle que nous l'avons expliquée dans notre leçon précédente, alors tous leurs vains efforts sont d'une nullité complette pour celui qui est éclairé. Il n'a plus de patrie sur la terre, ses droits de citoyen sont dans le ciel, dans le monde spirituel et invisible; il acquiert ces droits s'il emploie tous ses moyens pour répandre dans le présent des semences qui fructifieront un jour sur cette terre où les êtres raisonnables trouveront alors une patrie.

Mais si les interprètes mêmes de la volonté publique parlent de liberté et d'indépendance de la nation, s'ils ordonnent une guerre à mort sans faire abstraction des cantons exempts du service militaire, sans ménager aucune propriété; s'ils l'ordonnent telle qu'elle est possible et légale d'après l'idée d'une guerre légitime, alors le cœur de celui qui est éclairé doit palpiter au premier effort que fait sa patrie; il doit le regarder comme sérieux et le soutenir de toutes ses forces. Si l'on parle encore de sujets, si le souverain est placé avant la patrie comme s'il n'en avait point lui-même, il doit regarder toutes ces inconséquences comme de vieilles et mauvaises habitudes.

Remarquons en passant que nous sommes tous sujets de la volonté divine, exprimée dans la loi morale; cet état est honorable et digne de l'homme;

le plus grand souverain ne peut se rendre un honneur plus éminent que de se déclarer avec nous sujet de l'empire divin. Aucun individu ne peut croire que d'autres individus égaux à lui, doivent être soumis à sa volonté personnelle; s'il le pensait, il se ferait Dieu lui-même, il outragerait le seul et unique Dieu.

Celui qui est éclairé, avons-nous dit, regarde comme sérieuses et de bonne foi les mesures prises par le pouvoir. Il ne se permettra pas de soupçonner que si les moyens ordinaires sont insuffisants, on se servira de cet appel comme d'un moyen efficace pour défendre la souveraineté prise dans une fausse acception, qu'on le mettra de côté après en avoir tiré parti, et qu'enfin tout rentrera dans l'ancienne ornière. Son soupçon pourrait être cause que l'on suivît cette conduite, tandis que s'il le prend au sérieux il peut se faire que l'on agisse de bonne foi. S'il est évident plus tard que tout cela n'est qu'un jeu; si après avoir été sauvée dans le combat, l'indépendance de la nation est sacrifiée à l'avantage de la famille régnante; si l'on voit manifestement que le souverain veut faire répandre le plus noble sang de son peuple pour la défense de son trône, tandis qu'au contraire il ne veut pas risquer sa souveraineté pour l'indépendance du peuple ; alors l'homme raisonnable ne peut point rester sous une telle domination. Toutes ses actions, son influence sur la société doivent seulement avoir pour but d'y déposer les germes d'une constitution libre et juste. Il peut conserver l'espoir de la voir établir aussi long-temps que l'ignorance générale est le seul obstacle qui s'oppose à son introduction. Mais lorsque la liberté et l'indépendance sont clairement proclamées, et que l'on y renonce pourtant ouvertement, lorsqu'on les avilit jusqu'à n'être qu'un simple moyen d'oppression, lorsque la nationalité est jetée dans les fers étrangers comme première condition de vie ; alors il n'a plus rien à espérer. Un tel état se trouve frappé d'endurcissement, et s'est imprimé à lui-même le sceau de la réprobation. C'est en le fuyant que l'homme digne encore de sa noblesse peut sauver sa vie immortelle.

Telle est une guerre légitime, telle est dans ce cas la ferme et inébranlable résolution d'un homme éclairé.

Nous avons posé le principe : qu'une nation se développe par une histoire commune, que de ce développement doit naître un empire, que celui qui l'attaque doit être regardé comme ennemi. L'expliquer et le prouver, tel est le problême de l'exposition que nous avons interrompue. La manière d'envisager le présent, ce dont nous nous occuperons dans la prochaine leçon, mettra ce principe encore mieux à votre portée.

TROISIÈME LEÇON.

Il serait maintenant convenable d'appliquer à notre temps et à la guerre que nous avons commencée, les propositions précédemment établies, afin de nous mettre à même de prononcer un jugement.

A mon avis on se trompe dangereusement des deux côtés : 1° on s'endort en rabaissant la force de caractère et les moyens de notre ennemi. Des misérables et des lâches font consister le patriotisme dans cette illusion mensongère.

2° On nous fait beaucoup espérer de ses intentions et de ses projets, on nous les représente sous un jour favorable, cet ennemi est même à les entendre comme soumis aux plans de la providence, plans aussi puérils que ces interprètes de la volonté divine. Envisagée sévèrement, cette consolation des lâches n'est qu'une preuve de dépravation et même un crime.

Je dis qu'il en est aussi qui regardent notre ennemi comme un instrument de Dieu au moyen duquel il veut exécuter, qui sait quels plans ! Ces augures qui pénètrent les desseins de la providence allèguent : l'expulsion des turcs de l'Europe, s'ils sont chrétiens superstitieux ; l'anéantissement de la noblesse, s'ils sont marchands ; la destruction de l'esprit mercantile, s'ils sont chevaliers.

J'exprime ici une erreur commune aux hommes ignorants et grossiers, je veux la réfuter en général.

La cause de leur aveuglement est qu'ils ne considèrent pas la liberté comme la source de toute véritable existence. Ils désirent avoir le bien, et pour cela se sont imaginés un Dieu qui le fait maître pour eux et le fait arriver à point, par une simple coïncidence matérielle sans qu'ils aient même besoin de se bouger. Ils trouvent dans la religion des moyens miraculeux pour cela, ils ont un bain, un aliment, une huile qui rendent saints pour la vertu, sans même que l'homme intervienne. Alors d'après leur manière de voir, l'histoire du genre humain est comme une grande plante, qui par le simple développement maturatif de son germe, fleurit d'elle-même dans l'empire divin de la sagesse et de la vertu. S'il leur arrive quelque chose de funeste et de mauvais ils exaltent alors leur foi indolente, car ils ne tournent pas leurs regards vers Dieu quand ils sont à leur aise. Ils se consolent en pensant que la providence divine connaîtra leurs vues pleines de sagesse et les suivra afin que tout arrive à bien. S'ils sont puissants, ils savent très-bien alléguer ce but que Dieu se propose. Si par de tels discours ils retiennent les hommes dans le sommeil du péché, (et malheureusement on les entend dans la chaire et ailleurs) ils s'imaginent alors être extrêmement pieux; dans leur aveuglement ils prétendent même que l'on outrage le Seigneur, si l'on parle comme nous le faisons ici, et que l'on se moque d'eux.

Ils sont dans une erreur manifeste, ils sont complettement aveugles; il n'y a aucune loi naturelle, aucune coïncidence matérielle des choses qui fasse que le bien nous arrive. C'est au moyen de notre liberté seulement que Dieu peut et veut nous donner le bien que nous désirons; Dieu n'est pas une puissance de la nature, comme le pensent ces aveugles, mais il est un Dieu de liberté. La nature n'est qu'un reflet de la liberté générale, envisagée sous ce point de vue. Dieu s'est déjà donné à nous dans la liberté, il nous a donné son empire, et toute la plénitude de sa félicité; il ne dépend que de nous d'en poursuivre en nous-mêmes le développement. Sans liberté nous sommes sans Dieu et restons plongés dans le néant. Nous ne sommes pas réellement, nous ne sommes qu'un embryon d'où peut-être un homme peut provenir. Tous ces évènemens du monde ne sont que la matière au moyen de laquelle nous devons obtenir le développement et les conséquences de la liberté, que nous devons et que nous pouvons aussi faire servir à notre salut. Chaque phénomène est certainement bon, car il est dans l'empire de la liberté et peut-être employé à son développement, mais la liberté seule est bonne sans condition et d'une manière absolue.

Il en est ainsi dans le cas dont nous nous occupons. Si j'ai bien compris Dieu et ses plans à l'égard du monde ; si après l'examen de la vie entière de notre ennemi j'ai bien reconnu le phénomène qu'il nous présente, (ce en quoi je peux errer comme dans tout autre fait historique) ; je dois admettre que toute espèce de mal est réunie en lui, tout en lui est l'ennemi de Dieu et de la liberté, tout ennemi de la vertu dès le commencement des siècles, se montre en lui appuyé de toutes les forces que le mal peut rassembler. A quelle fin ? c'est pour que toutes les forces du bien qui ait jamais apparu dans le monde, se coalisent et le renversent. Tel est à ce que je crois le grand spectacle auquel ce temps est appelé. L'empire du démon n'existe pas seulement, afin qu'il soit supporté patiemment par ces gens sans maître, par ces hommes neutres qui n'appartiennent ni à Dieu ni au démon, mais afin qu'il détruise, et que par sa dévastation le nom de Dieu soit glorifié. Si cet homme est une verge dans la main de Dieu, ainsi qu'un grand nombre le pensent (et ce que j'accorde dans un certain sens), il ne l'est pas afin que nous lui présentions notre dos nu et dépouillé, afin que nous offrions à Dieu un sacrifice de sang; mais s'il est une verge c'est pour que nous la brisions. Ce phénomène n'est point caché pour moi, je sais pourquoi il a lieu, je ne le cherche point dans les voies secrètes de la divinité; il est à mes yeux clair et manifeste.

Ici se rattache cette autre question : Croit-on servir Dieu en rêvant ses prétendus plans secrets, en attendant avec patience leur développement; ou bien le sert-on en agissant d'après sa volonté clairement reconnue? Le plus grand danger auquel on puisse s'exposer, c'est la mort temporelle. Mais cette mort est si peu un mal, que certainement celui qui a des notions claires, passerait volontiers à chaque instant sur un théâtre plus élevé de la vie, s'il ne savait pas que par une telle désertion il se rend indigne d'une vie supérieure.

Un état bâsé sur la conservation de la propriété

comme idée fondamentale et tout le mouvement de cet état dans la guerre, importent peu à l'homme éclairé, à moins qu'il ne le considère en outre *comme le centre du développement d'un empire de la liberté.* Ce dernier but est seulement celui qu'il se propose. L'homme éclairé est toujours prêt à mettre en jeu sa propriété et sa vie, pour tendre à ce but même s'il ne l'aperçoit pas encore en réalité, et qu'il ait seulement *l'espérance* de l'atteindre à l'avenir.

Telle est la solution de la question en général ; abordons maintenant la question de temps.

Le développement d'un empire de la liberté est-il en danger? et combien ce danger est-il pressant?

Remarquez d'abord la proposition suivante :

1° Les hommes doivent nécessairement s'organiser en empire de la liberté : dans cet empire seulement se trouve le but moral, ce but pour lequel l'humanité entière est créée. La vie *passée* de l'humanité n'a de véritable prix qu'autant qu'elle est le moyen et la condition de ce développement, autrement elle n'est rien. Lorsque cet empire commence, la vie alors se développe et vient animer l'humanité. Avant cette époque le temps porte seulement en son sein l'embryon du genre humain.

2° La formation d'un empire résulte de la manière de voir et de penser commune à cette masse d'hommes que l'on appelle peuple. La communauté de *la langue* est la condition de ce développement et de son extention, cette condition est imposée d'avance par la nature morale. Comme il n'y a pour nous tous qu'un seul et même monde matériel (non par le fait du hasard, mais en vertu d'une loi absolue); de même il doit y avoir pour certaines masses : 1° une manière fondamentale de voir le monde moral, cette manière de voir est la condition de la vie en commun et par conséquent de toutes les relations sociales. Sans elle, il n'y a que des êtres humains épars, des sauvages, des cannibales, qui se marient, ont des enfants et des parents. 2° La réunion de ces populations est *déterminée* par une loi, qui pour tous est absolument une comme le monde visible (ce serait une erreur de croire ici à l'arbitraire). La seule différence c'est que cette loi ne les régit pas d'une manière absolue comme les lois de la nature, mais leur impose l'obligation d'un perfectionnement spontané, qui les fasse parvenir à la connaissance de cette loi. Le but est précisément que *tous* y parviennent. Présenter la réalité de cette manière de voir; élever tous les hommes à cette connaissance, afin que la loi détermine leur conduite au moyen de leur liberté, c'est là ce qui constitue l'empire du droit.

3° Ils doivent faire des efforts communs pour s'en rapprocher. Chaque degré auquel ils se sont élevés dans cette connaissance, et à partir duquel on détermine la route ultérieure à parcourir, caractérise *le sentiment national*, ce sentiment qui fait que le peuple est peuple, qui détermine le point qu'il occupe entre le sauvage et le citoyen de l'empire du droit. Cette marche progressive est sacrée; la troubler, l'arrêter, est une impiété.

4° Cette marche progressive, *l'histoire*, se développera non-seulement *par* des événemens communs à tous, mais *en* eux. *En* eux, dis-je, car lorsque la liberté des individus, éclairée par la religion et la science, concourt à ces événements, le résultat de cette progression est l'éducation du peuple.

L'observateur seul qui fait abstraction saisit l'histoire, plane au-dessus, et reconnaît le point de vue commun au peuple. Le point d'où il part comme d'un antécédent connu, ce n'est pas le peuple, dont l'existence n'est pas mise en question, mais bien le sentiment qui l'anime.

Ce qu'il y a dans cette recherche de *particulièrement instructif* pour nous, relativement à l'histoire, c'est de comprendre comment une masse d'hommes se conçoit comme une *unité*, et s'élève à l'idée *propre* de peuple. C'est peut-être ici un résultat de la communauté des événements et des actions. En effet, si l'un souffre tous souffrent, ce qui atteint l'ensemble atteint chaque individu en particulier, parce qu'il appartient à cette masse d'hommes : le souverain et le sol sont communs, la guerre, la victoire et la défaite sont communes. C'est peut-être encore la simple idée d'*unité*, que les peuples voisins ont de cette masse d'hommes, qui la leur fait adopter aussi.

APPLICATION.

Chez les *anciens peuples classiques* nous voyons des colonies qui, sorties de peuples civilisés, cultivaient à leur tour et subjuguaient. Ces hommes étaient réunis par une fuite commune, par une culture commune; le peuple était isolé du sol. Ici nous découvrons pour les *Grecs* et les *Romains* l'explication des mystères intimes de leur histoire : la perfection sublime de l'état, leur amour pour la liberté, sans aucune trace du droit des hommes, parce que leur état était purement factice, parce qu'il n'était point philosophique et ne résultait pas d'une idée.

Le monde moderne est le développement d'une

race d'*indigènes :* on n'aperçoit point dans le principe l'appareil d'un empire, chaque individu était alors son propre maître, son propre défenseur. Les peuples anciens apparaissent dans l'histoire revêtus de la forme d'un état, mais chez les modernes on ne découvre aucun *lien semblable*. On voit d'abord des associations pour des entreprises aventureuses ou sérieuses, éphémères et fondées presque seulement sur des liaisons personnelles. Le *comitatus* est un phénomène tout particulier. Peut-être chez les Romains ces peuples étaient regardés comme formant une *unité*, à cause de l'unité de la langue, des mœurs, de l'origine ; mais ils n'avaient nullement cette opinion d'eux-mêmes. C'est ce qu'il faut bien remarquer. La religion seulement en réunissait quelques-uns, et les contenait, mais pour tout le reste les guerres étaient individuelles. Des lois sur le rachat (l'expiation) ne parurent que plus tard. Au reste, on remarquait chez eux un certain degré de culture *morale :* par exemple, la pureté du mariage.

Sans nous arrêter aux variétés qui tiennent le milieu, nous montrerons que cette race originale se développe de nos jours dans les deux extrêmes dont nous allons parler.

Un essaim, connu sous le nom de Franks, partit et fit la conquête de l'une des plus belles provinces de l'empire romain; il l'a possédée constamment jusqu'à nos jours. Le grand événement par lequel il acquit la conscience de l'unité, c'est-à-dire d'être un peuple, c'est que les conquérans étaient *un* dans la conquête. C'est avec cette unité, et de cette unité même, qu'ils reçurent tout le reste : le christianisme, les lettres de l'alphabet, la langue même par la suite, la propriété et l'art d'en jouir, en un mot, la culture de l'individu résulta de l'unité du peuple, et l'unité du peuple ne résulta pas du tout de la personnalité. Je crois émettre ici une idée qui répand la lumière dans l'histoire entière. De là sont résultés 1° l'orgueil national, ou bien mieux la vanité nationale; 2° la personnalité comme produit de la communauté, celle-ci étant elle-même le produit de la société. La société est supposée et résulte non de la présupposition de la personnalité et de la liberté, mais de la simple vie en commun; non de la manière dont un individu peut être en soi, mais de la manière dont plusieurs peuvent être ensemble. La société n'y résulte pas des individus, mais les individus sont seulement dans la société; elle est la chose principale, les individus ne sont là que pour la composer. L'individu n'y est rien par lui-même, il n'est quelque chose que par sa valeur sociale. De là l'ensemble des phénomènes du caractère français : il est spirituel, aimable, bon père, bon maître, bon valet. Trois résultats importants en sont la conséquence : 1° ce peuple ne peut jamais s'élever à l'idée de liberté et de droit, parce que dans son système il a franchi et omis l'idée du mérite personnel. Il ne pourrait jamais comprendre qu'un autre homme ou un autre peuple veuille et pense autrement que lui. De cette manière on ne s'élève pas à l'empire du droit : il faut d'abord passer par la personnalité ; il a franchi ce degré, et, entraîné par des écrivains et par l'opinion publique, il a voulu la liberté.

Celui qui sera assez heureux pour conquérir l'opinion publique, ou seulement l'apparence de cette opinion, se servira de ce peuple pour tel but qui lui plaira. Il deviendra un autocrate, et un autocrate qu'il n'aimera pas à contrarier.

Il fera tous ses efforts pour confondre les autres peuples dans cette unité, et les faire obéir à cette opinion publique qui est proprement pour lui la vérité, au-delà de laquelle il n'y a rien à sa connaissance.

Chez d'autres peuples, une autre histoire a produit d'autres résultats.

L'*Espagnol*, chassé et subjugué ;

L'*Italien*, qui n'est jamais *un* ;

L'*Anglais*, qui présente une grande variété d'histoire et une série de peuples dominateurs, ne peut point être considéré d'après un principe aussi simple que les autres.

C'est par la résistance à leurs ennemis que ceux qui n'avaient pas suivi les Franks commencèrent à avoir une idée vague d'eux-mêmes comme composant une famille : en distinguant ceux qui avaient émigré, ils se regardèrent comme Allemands appartenant à une race. L'idée d'unité leur vint du dehors; dans l'intérieur ils conservèrent leur indépendance les uns des autres.

Cependant le christianisme parvint jusqu'à eux, et avec lui les lettres et quelques améliorations de la vie, mais *remarquez bien* toujours pour l'individu. L'homme, la personne, la famille, étaient formés, mais il n'y avait point de citoyen : les biens sans aucun droit du citoyen étaient le partage des hommes libres. L'empire établit bien un lien entre eux, mais un lien extrêmement relâché. Dans des provinces isolées on fut entraîné par quelques princes à des combats contre les Wendes ou les Slaves du voisinage; mais jamais il n'y eut d'action ni d'histoire communes, ni aucune entreprise de ce genre. Il y avait tout au plus unité de langue et de race, mais jamais unité d'histoire et de peuple. Cette division se consolida par *l'indépendance* des princes. De là résultèrent *plusieurs* peuples ennemis les uns des autres, des ennemis jurés retenus seulement ensemble par les liens de l'empire d'Allemagne. Cet empire a été reconnu aujourd'hui ce qu'il était déjà dans le fait, non un état, mais une confédération d'états. Les Allemands peuvent être considérés comme une race toujours semblable à elle-même dans une histoire *négative*, mais ils s'opposent à toute fusion dans l'unité, c'est-à-dire, à ne former qu'*un peuple*; ce à quoi de savants publicistes ont voulu les pousser. Séparés plus tard par la diversité des confessions religieuses, ne formant jamais un ensemble dans leur opinion propre, les princes étaient tout au plus citoyens de l'état fédératif; et combien encore une telle fédération est faible et divisée! Toujours des Prussiens, toujours des Saxons, jamais des Allemands! Cependant cette constitution de l'empire, les savants, les voyages des négociants et des ouvriers dans les pays de langue allemande, ont toujours contribué à maintenir cette idée de l'unité chez le peuple allemand, non comme pouvant être mise immédiatement en pratique, mais historiquement et comme un *postulat* général. D'après mon opinion, les Allemands sont appelés à représenter ce postulat de l'unité de l'empire, d'un état véritablement organique et homogène; ils coïncident en cela avec les plans éternels du monde. Chez eux l'empire doit nécessairement résulter de la liberté cultivée dans la personne et l'individu : la marche ne saurait être inverse. Il résultera de là personnalité développée d'abord avant tout état, développée ensuite chez les états isolés, dans lesquels les Allemands sont partagés, et qui doivent disparaître comme de simples moyens pour arriver à un but plus élevé. Ils offriront ainsi l'exemple d'un véritable empire du droit, tel qu'il n'en a jamais existé dans le monde : on y retrouvera cet enthousiasme pour la liberté du citoyen tel que nous l'apercevons dans le monde ancien, et il vivra sans le sacrifice du plus grand nombre d'hommes réduits à l'esclavage, sacrifice sans lequel les anciens états n'auraient pu subsister ; la liberté y sera fondée sur l'égalité de tous ceux qui ont une figure humaine. Cet état sera seulement représenté par les Allemands, qui depuis des siècles sont là pour ce noble but, et s'en approchent lentement. Oui, les Allemands sont les seuls ; l'humanité ne nous présente pas un autre peuple susceptible d'un semblable développement.

L'homme éclairé ne peut pas accorder que le peuple appelé à cette haute destinée ne soit qu'un appendice, et même un appendice inutile du premier peuple décrit. Il doit employer toutes ses forces, et même sacrifier sa vie pour s'opposer à ce qu'on le rabaisse ainsi.

Permettez-nous maintenant de jeter un coup-d'œil sur l'homme qui s'est placé à la tête de la nation française. Je vous ferai d'abord remarquer qu'il n'est point Français. S'il l'était, peut-être que des vues sociales, un certain respect pour l'opinion des autres, quelque estime pour autre chose que pour lui-même, se manifesteraient en lui; peut-être que des faiblesses et des inconséquences bienfaisantes modifieraient son caractère. C'est, par exemple, ce que l'on observait chez Louis XIV, qui était à mon avis la production la plus détestable du caractère national français. Il appartient à ce peuple qui déjà, chez les anciens, était célèbre par sa barbarie; qui, à l'époque où cet homme est né, était abruti par le plus dur esclavage; qui, pour briser ses fers, avait soutenu une guerre de désespoir, et, à la suite de ces combats, fut asservi par un maître rusé, et frustré de la liberté. Les impressions, les sensations qu'il a dû éprouver dans un tel état de sa patrie, ont été les premiers moyens à l'aide desquels son intelligence s'est développée. C'est au milieu de la nation française qu'il reçut son éducation, au moment d'une révolution dont il put étudier tous les ressorts intérieurs; il apprit bientôt à connaître cette nation, à la regarder *comme une masse extrêmement mobile, susceptible de recevoir toutes les impul-*

sions, mais incapable de se donner elle-même une direction déterminée et durable. Il était redevable de la culture de son esprit à cette nation, qu'il pouvait regarder comme la première de toutes; il devait donc nécessairement porter sur tout le reste du genre humain le même jugement que sur cette nation. Il n'avait aucun pressentiment d'une destination plus relevée de l'homme : d'où l'aurait-il reçu, puisqu'il ne l'aurait puisé ni dans d'heureuses habitudes de la jeunesse comme Français, ni dans les notions claires qu'auraient pu lui fournir plus tard la philosophie ou le christianisme? Pour parvenir à la connaissance exacte et parfaite des qualités propres à la nation sur laquelle il élevait son pouvoir dominateur, il avait comme point de départ sa naissance chez un peuple énergique, une volonté trempée, fortifiée et rendue inébranlable par des combats soutenus avec constance et dissimulation contre tous les alentours de la jeunesse. Avec ces éléments de grandeur, cette lucidité calme et cette volonté ferme, il eût été le bienfaiteur et le libérateur de l'humanité, si le moindre sentiment de la destination morale du genre humain eût vivifié son esprit. Mais il n'eut jamais ce sentiment, et il est pour tous les siècles un exemple de ce que ces deux principes peuvent produire s'ils restent isolés de la morale. Il se créa les systèmes suivants : que l'ensemble de l'humanité est une masse de forces aveugles, ou absolument inertes ou luttant entre elles irrégulièrement et en désordre; que cette stagnation doit faire place au mouvement, non à un mouvement irrégulier, mais bien à un mouvement dirigé vers un but déterminé. Que rarement, et à mille ans d'intervalle, apparaissent des esprits destinés à imprimer une direction à cette masse, que Charlemagne en avait été un, et que lui venait ensuite; que les inspirations de ces esprits étaient les seules inspirations véritablement divines et saintes, les premiers principes du mouvement du monde; que pour elles on devait sacrifier tous les autres buts, mettre en mouvement toutes les forces, et se saisir de chaque vie; que s'opposer à un tel mouvement était une révolte contre les lois suprêmes du monde. Il pensait que cette nouvelle loi était manifestée en lui dans le nouvel ordre de choses qu'il voulait introduire dans le fait de la civilisation, et faire plier sous sa domination : la première condition de cet ordre est, pour le présent, *la liberté* des mers, à ce qu'il dit, mais au fait *la souveraineté* des mers entre ses mains. Pour atteindre ce but indiqué par la loi du monde, tout le bonheur de l'Europe doit être sacrifié, tout son sang doit couler; car il n'est sur cette terre que pour la réalisation de cette idée. L'exécution de ce grand plan s'étendra certainement au-delà d'une vie d'homme; sa dynastie doit la continuer après sa mort, jusqu'à ce que dans mille ans peut-être arrive un autre héros inspiré appelé par une autre révélation à continuer sa création et celle de Charles.

On a pressenti qu'il y avait avec lui une autre marche à suivre qu'avec les autres dominateurs passés ou actuels. Cela est vrai. Quelques publicistes ont pensé que les intentions du général ont été modifiées par l'hérédité établie dans sa dynastie. C'est en cela qu'on l'a mal compris. Les souverains sont habitués à se considérer comme les défenseurs de la propriété et de la vie, comme un moyen pour ce but, moyen qui ne doit jamais être sacrifié : lui au contraire se présente comme le défenseur d'une volonté absolue (qui est elle-même le but), comme le défenseur d'une loi du monde, mais qui dans le fait n'est qu'une volonté individuelle, un *caprice* revêtu en apparence des forces de la volonté morale. Telle est la nature distinctive de cet homme, que ses adversaires ne sont pas seulement en état de comprendre. Il est bien vrai que tout doit être sacrifié au moral, à la liberté; il a très-bien vu *que* tout devait être sacrifié, mais pour sa personne; et il tiendra sa parole jusqu'au dernier soupir ; la force de sa volonté en est un sûr garant. Sa manière de penser est élevée, parce qu'elle est hardie et qu'il méprise les jouissances, c'est pourquoi il séduit facilement des cœurs susceptibles d'enthousiasme, mais qui ne sont point émus par le sentiment de la justice. Tout absolument ne doit pas être sacrifié à son projet et à son entêtement ; il est lui-même trop grand pour lui être sacrifié, s'il devait se dévouer à la liberté du genre humain, et nous tous avec lui, alors je devrais, ainsi que tous ceux qui envisagent le monde comme moi, me précipiter après lui dans la flamme sacrée.

C'est dans cette lucidité et dans cette fermeté que consiste sa force. Dans la clarté : toute force non utilisée est à lui ; toute faiblesse du monde doit concourir à augmenter sa force. Comme le vautour qui plane sur les régions inférieures de l'air et cherche une proie, il plane sur l'Europe étourdie, épie toutes les fausses mesures, toutes les faiblesses, pour se précipiter dessus et les faire tourner à son avantage. Dans la fermeté et la ténacité : les autres souverains veulent bien aussi régner, mais ils veulent en outre beaucoup d'autres choses, et régner s'ils le peuvent sans en être privés ; ils ne veulent pas sacrifier leur vie, leur santé, leur trône ; ils veulent conserver l'honneur; ils veulent même être aimés. Quant à lui, il n'est atteint d'aucune faiblesse semblable, il met en jeu sa vie, et toutes les commodités ; il s'expose à la chaleur, au froid, à la faim, à des grêles de balles, c'est ce qu'il a prouvé plus d'une fois : il ne se laisse pas prendre à des traités restrictifs, tels qu'on lui en a offert, il ne veut pas être souverain paisible de la France, ce qu'on lui a peut-être proposé, il veut être tranquille dominateur du monde; s'il ne peut y parvenir, il ne veut rien être, pas même exister. Il le prouve maintenant, et le prouvera encore par la suite. Ils n'ont aucune idée de cet homme, et le font à leur image, ceux qui croyent qu'au moyen de certaines conditions pour lui et sa dynastie, il se laisse engager à autre chose qu'à des suspensions d'armes. Honneur et loyauté ! Lors de l'incorporation de la Hollande, il a fait voir qu'un souverain n'y est fidèle que selon les circonstances : s'il lui est avantageux de tenir sa parole, oui, si cela lui est nuisible, non. Aussi dans toutes les pièces politiques qui émanent de cet homme, les mots, *droit*, *justice* ne se rencontrent plus, et d'après lui sont effacés de la langue, mais en revanche, il n'est question que du *bien être* de la nation, de la gloire des armées, des trophées qu'il a élevés dans tous les pays.

Tel est notre adversaire. Il est inspiré, il a une volonté absolue. Ceux qui jusqu'à présent ont marché contre lui, étaient seulement capables de misérables calculs, et n'avaient qu'une volonté conditionnelle. On ne peut triompher de lui que par l'enthousiasme qu'inspire une volonté absolue, par une volonté fortement prononcée, non pour un vain caprice, mais pour la liberté. Il faut que cette volonté soit vivante en nous, que nous en saisissions l'objet avec toute la lucidité dont il est doué, et toute la ténacité qu'il apporte au triomphe de sa chimère, pour laquelle il sait tout mettre en action, soit par la ruse, soit par la terreur. C'est de là que dépend l'issue de la lutte commencée.

En exposant, avec toute la clarté dont je suis capable, ma manière de voir à ceux qui recherchent mes communications; en essayant de faire naître en eux une flamme éclatante de cette étincelle d'enthousiasme, j'ai fait mon devoir.

On a dit: que le portrait de cet homme est exagéré, et par conséquent faux. Permettez-moi de répondre à cette objection.

1° Ceux qui sont en quelque sorte un composé d'éléments hétérogènes, ne peuvent rien se représenter que ce qu'ils sont eux-mêmes, pour eux la peinture que j'ai faite est incroyable. Il n'y a d'autre moyen avec eux, que de leur présenter une image qui tombe sous les sens, mais on ne le peut dans une simple dissertation.

2° Quant aux autres, je leur rappelle : que d'après quelques-unes de ses actions, on peut facilement conclure toute sa vie ; le caractère essentiel de ces actes, est un aveuglement complet pour la destination morale du genre humain. Je leur rappelle en outre, toutes les qualités du grand homme, que son siècle lui accorde; j'en excepte quelques-unes à l'égard desquelles la crainte fait mentir le siècle comme un enfant.

Comme preuve décisive de son défaut de sens pour la destinée morale du genre humain, nous rappellerons le fait précis et déterminé par lequel en face de ses contemporains et de la postérité, il s'est imprimé le sceau de son caractère essentiel. Nous devons d'autant mieux le rappeler, que conformément aux désirs des despotes et de leurs instruments serviles, ce fait, parfaitement d'accord avec leurs vues, est généralement passé sous silence, les contemporains eux-mêmes commencent à l'oublier. Ceux qui veulent porter contre lui l'accusation la plus grave, montrent toujours le cadavre sanglant du prince d'Enghien, comme si cette mort était le pire de ses forfaits. Pour moi il est un autre fait auprès duquel la mort du duc d'Enghien n'est rien, n'est pas même digne d'être rappelée, parce qu'une fois entré dans cette voie, elle était imposée par la nécessité.

La nation française était engagée dans une lutte acharnée, pour établir l'empire de la liberté et du droit ; elle avait déjà versé dans ce combat le plus noble de son sang. Mais, dit-on, cette nation n'était pas faite pour la liberté. Non-seulement je l'accorde, mais encore je crois pouvoir le prouver par les raisons suivantes : Il ne pouvait y avoir chez elle, unité et accord sur l'idée de droit, puisque la condition première de toute constitution libre, le développement de la personnalité, du caractère individuel, indépendant de la nationalité, manquait totalement dans la nation ; dans une telle lutte chaque opinion trouvait son parti, toute force protectrice tombait, et alors les partis devaient s'entredétruire, ainsi qu'ils l'ont fait pendant un certain temps. Tel était en vérité l'état de la France. Lorsque l'on commençait à se reconnaître, la direction suprême des affaires arriva entre les mains de l'homme dont nous parlons. Je veux ici passer sous silence par quels moyens. Il avait pu contempler des images de la liberté, des peintures pleines d'inspiration ; cette idée ne lui était pas entièrement étrangère, non plus qu'à tant d'autres. S'il y avait eu seulement quelque rapprochement possible entre cette idée et sa manière de penser, s'il y avait eu en lui la moindre aptitude à l'intelligence de cette idée, il n'aurait pas désespéré d'atteindre le but, il aurait au contraire cherché le moyen. Il aurait aperçu que ce moyen était l'éducation régulière de la nation, entreprise dans l'intérêt de la liberté, éducation qui devait peut-être durer plusieurs générations. Cet homme qui avait placé sur sa tête une couronne impériale et une couronne royale du voisinage, qui avait pu en assurer la succession à sa dynastie, pouvait aussi se placer à la tête de cette éducation nationale et transmettre cette même charge au successeur qu'il aurait regardé comme le plus digne de l'occuper après lui. Telle eut été sa conduite, si le germe d'une bonne intention eût été déposé en lui. Il n'est pas besoin de détailler ici ce qu'il a fait au contraire pour surprendre la nation et lui ravir sa liberté par la ruse. Ce germe n'a donc jamais existé en lui. Donc la peinture que j'en ai faite, est une démonstration aussi rigoureuse qu'elle est possible dans un sujet historique.

FIN.

www.ingramcontent.com/pod-product-compliance
Lightning Source LLC
LaVergne TN
LVHW022112080426
835511LV00007B/780